AF598823

Versos al viento

Adoración García Pimentel

Aliarediciones

Corrección: Julia Salas
Diseño de cubierta: Joan Duran
Maquetación: Aliar Ediciones

Depósito Legal: GR 388-2024
ISBN: 978-84-10155-71-8

Impreso en España

Edita
ALIAR Ediciones
www.aliarediciones.es
info@aliarediciones.es

PRÓLOGO

En las callejuelas adoquinadas de este pequeño pueblo, donde el tiempo se mide en susurros de hojas. Y el ritmo de la vida late al compás de antiguas vivencias, nace la poesía de Dori, que intenta capturar la esencia de sus gentes... Entre campos de trigos y plazas, donde el eco de risas perdura, Dori, teje versos al viento que danzan amor y desamores hilvanando historias de sus habitantes...

En cada poema invita al lector a pasear por sus calles y a descubrir la belleza oculta en las rutinas diarias...

Dori, abre su corazón en sus versos, como pétalos en flor, que a cada día los viste de colores...

Tú maestra y tutora.
Lola Díaz García Mohedano,
aunque para ti siempre seré, Doña Lola,
y tú para mí esa alumna con la sonrisa abierta...

Versos al viento

Adoración García Pimentel

VERSOS AL VIENTO

Se fue alejando poco a poco,
para que nadie la echara en falta.
Se fue alejando de lo que la rodeaba,
y de aquella hermosa ventana,
donde ella escribía versos
que al viento lanzaba.
Se fue alejando sin hacer ruido
e iba sola y descalza...
Se fue alejando en una tarde,
cuando de ella nadie se acordaba,
cuando no pronunciaban su nombre,
y sus apellidos en un día olvidaran.
Ella se vistió de blanco,
y una pamela que en sus manos llevaba
de vez en cuando se la ponía,
para que el sol no la quemara...
Se fue yendo tan lentamente,
que nadie de menos la echaría en falta,
tan solo una guitarra lloraba
al son de sus letras desconsoladas...

TU POEMA

Cómo escribir un poema a la primavera
si mis ojos no la vieron nacer.
Cómo escribir un poema
al verano si no sentí su calor.
Cómo escribir un poema al otoño
si sus hojas no las arrastró,
y cómo escribir un poema
al invierno si este no se congeló.
Cómo escribir un poema
a una flor si mi piel no la olió,
y la mirada no la acarició.
Cómo escribir un poema
a un corazón, a unas manos,
y a una silueta,
que en la obscuridad marchó,
y tan solo conozco su voz.
No puedo escribir tu poema
El alba moriría,
la lluvia no lo mojaría,
ni se oiría, y tampoco sería poesía,
tan solo un otoño seco,
donde sus hojas lentamente
caerán al vacío,
junto a mis últimos versos,
que hoy escribo...

SIEMPRE

Siempre que intento alejarme de ti
siempre hay algo
que me impide el no hacerlo pareciera,
que el destino no quisiera
que te dejara
es como que pensara por mí,
y siempre vuelvo a ti.
Aunque a veces quisiera desaparecer, huir,
esconderme, salir a correr
y no encontrarme aquí atada,
como si fuera esa liga pegada
que de ella no pudiera soltar mis alas...
Envidia le tengo al viento
que día a día silba en la cara
diciendo sus lamentos,
aun sintiendo su dolor por dentro...

VALIÓ LA PENA

Valió la pena tenerte a mi lado
besarte cada vez que quería
entregarte mi alma desvestida,
cuando a ti me abrazaba,
como niña que todo lo daba.

Sí, valió la pena estar pendiente de lo que hacías,
de aquellas tonterías que decías,
pero mi sonrisa salía,
cuando te oía...

Valió la pena todo el tiempo,
ese que pasábamos juntos
el que por completo nos pertenecía,
cuando el segundero de un reloj se movía,
pero nada o poco nos importaba,
cuando la tarde llegaba.

Sí, mi amor, valió la pena
todo lo que viví a tu lado,
que hoy repetiría,
como algo que nunca olvidaría,
y en mis entrañas guardaría...

Valió la pena...

AMÉ

Amé tu silencio
amé tu romanticismo
esa sensibilidad
que tu piel respiraba.
Tus palabras murmurando
apenas hacían ruido.
Amé a cada palabra salida de tus labios
a cada mensaje...
que llevaba incorporado
amé todo lo que fuera tuyo, tanto,
que aún sigo enamorada de este amor
a pesar de que hace décadas,
que no estás conmigo aún te siento vivo
mi poeta romántico y preferido,
tu silencio lo hice mío...

SU PASADO

Ella se encontraba
perdía tanto,
que jamás supo volver al pasado...
y se refugió en sus fantasías.
En querer ser pétalo
aun a sabiendas de que su raíz
día a día moría en tierra de secano.
No me preguntes de dónde salen mis versos
no sé lo que contestaría
tal vez te diría,
que de un alma herida.

HAY UNA PARTE DE MÍ

Hay una parte de mí,
que no quiere saber nada,
que hasta tu nombre le amarga,
y te pone zancadillas,
para que te caigas.

Hay una parte de mí,
que no sé cómo pararla,
no sé cómo controlarla
es como que no tuviera miedo,
y buscara tu encuentro.

A veces las dos se juntan,
como un torbellino,
y pelean entre ellas,
como grandes enemigas,
y hasta sus dientes se clavan.

No sé con cuál me quedaría
sin ti porque me muero,
y a cada día en ti pienso.
Y el tenerte me da miedo
porque contigo me pierdo...

ME DUELE EL ALMA

Me duele el alma, mi amor,
cada vez que te recuerdo,
y cada vez que pienso en tus besos,
y en esas miradas
que hoy echo tanto de menos.

Me duele el alma, mi amor,
cuando cruzo esa calle,
y no te encuentro,
es como que no llegara la sangre
al corazón, y siento que te pierdo.

Me duele el alma, mi amor,
y llevo en ella llagas,
llagas que me sangran
cada vez que te pienso,
y no te siento.

Me duele el alma, mi amor,
cuando en aquel día te despedí,
donde tú me mirabas
como hojas de otoño,
que el viento arrastraba
bajo una lluvia que a mi piel mojaba...

VERSOS AGRIDULCES

Me alejé de ti, quise olvidarte, pero no lo conseguí.
Quería olvidar tu sonrisa
esa que mis retinas guardaba como la mejor fotografía.
Y aquellos labios carnosos, que a los míos daban vida.
A cada amanecer te recordaba
como rocío en primavera que mojaba...
Y cuando el alba nacía sentía que mi piel te reclamaba,
y mis brazos a los tuyos buscaba...
Me alejé de ti. Sí, me alejé,
y de todos tus recuerdos,
que sembraste en mis primaveras dormidas.
Quise que llegara el invierno,
y que los enterrara el viento,
pero ellos corrían a mi lado,
donde sentía que me atrapaban,
como un fuego abrasador por dentro.
Y volví a ese parque de nuevo, a mi recuerdo,
ese que naufraga en mis sueños,
despertándome con un «te quiero»,
que nacía de lo más hondo de mi alma
musitando tu nombre,
el que a cada noche necesitaba,
y durante el día mi voz callaba.
Sí, volví, como cada otoño,

como cada hoja arrastrada,
al lado de aquellas farolas
donde tenuemente nos iluminaba,
donde por primera vez te miré
con el alma rota, descosida, echa un harapo,
y pedí que la tierra me tragara,
donde mi voz temblaba como tormenta
de verano, y mi saliva era amarga,
donde te pedí aquel perdón besando tus manos,
y al sentir tu voz mis lágrimas corrían,
como si estuvieran compitiendo
la peor maratón de mi vida,
buscando un beso de tus labios,
o aquel verso jamás dicho,
que la luna se llevó
en su traje plateado
en una noche estrellada,
donde te hubiera amado,
como jamás lo había hecho antes...

QUÉ PENAR TIENE LA LUNA

La luna tiene una pena,
que a nadie se la puede contar.
El lucero la acaricia
y siente su piel *mojá*.

La luna tiene una pena,
que la lleva *guardá*
y en sus noches de luna llena
ella se pone a llorar.

La luna tiene una pena
y su color plata lastimando está
el lucero no sabe cómo consolarla
y en sus brazos la quiere acurrucar.

NO SÉ

No sé si me quisiste
no sé si te quería
pero ninguno de los dos
faltamos a nuestra cita,
esa que teníamos pendiente,
cuando la tarde moría...

TUVE QUE APRENDER

Tuve que aprender
a leer en tus ojos,
a mirarlos fijamente
a no pronunciar tu nombre,
que se quedaba en mi garganta,
cuando contigo estaba,
y mi piel se erizaba...
Tuve que aprender
a amarte en silencio
a versarte cada día,
como un antídoto
que necesitara,
para remediar esta enfermedad mía.
Tuve que aprender
a callar mi corazón
a limpiarme mis lágrimas,
cuando de ti me acordaba,
y mis piernas temblaban...
Tuve que aprender tanto,
que me hice adicta a un silencio,
cuando en ti pienso...

...Tuve que aprender.

MI PAÑUELO

Aquel pañuelo gris y negro,
de él me desprendí
cuando en la solapa de tu chaqueta
yo una tarde te lo prendí.

Aquel pañuelo en mi cuello
lo ponía,
y mi cabeza más de una vez cubrí,
pero jamás pensé que te lo regalaría,
y a tu solapa adornaría.

Yo, lo llevaba con alegría,
cuando de paseo con él salía,
siempre algo negro me ponía,
y juego con él hacía.

Mi pañuelo gris y negro,
negro y gris lo planché para ti,
en el vertí unas lágrimas,
cuando el vapor llegó a mí...

QUIZÁS

Quizás se nos acabó el tiempo,
donde éramos amores,
que se necesitaban
que a cada momento se buscaban
y sus miradas se cruzaban,
donde sus pupilas se hablaban.

Quizás sea tiempo de decirnos un adiós,
pero un adiós sin rencor
sin hacernos daño,
ya que nos quisimos demasiado,
y eso se quedará en nuestro
corazón, como estos versos en papel blanco.

Quizás algún día nos volvamos a encontrar,
cuando vayamos con alguien del brazo,
y nuestras miradas seguirán hablando
como si el tiempo no hubiera pasado,
y aquel reloj sus horas no marcó...

DÍMELO AHORA

No me regales flores,
cuando no las pueda ver,
ni me pongas una dedicatoria,
cuando no la pueda leer.
Mándamelas, ahora,
que yo las pueda oler,
y escríbeme esa dedicatoria,
donde diga contigo estaré.
Acuérdate de mí
ahora, que estoy aquí,
ahora, que te necesito
ahora, que de vez en cuando estoy triste,
y pienso, que nadie se acuerda de mí.
Llámame por teléfono
invítame a un café,
o un paseo, pero hazme sentirme bien.
No lo guardes para luego,
que yo no te podré ver.
Luego yo no te oiré,
no reiré,
y tampoco te besaré
como ahora lo puedo hacer.
Mas no te lo guardes dentro,
dentro de tu corazón,
que luego yo no lo veré,
y ni tomaré aquel café,

que contigo un día tomé
en la terraza del pueblo,
donde yo y tú quedamos a las 3...

NUESTRO OTOÑO

Y llegó el otoño,
ese otoño tuyo,
ese otoño mío,
donde tú te desnudabas,
donde yo me desnudé,
pero con el alma.

Y llegó nuestro otoño,
donde las hojas volaban,
y en nuestros pies jugaban
como niños desinquietos
que sus manos rozaban,
y sus ojos se iluminaban
cada vez que su piel se rozaban.

Y llegó el otoño uniéndonos,
como si nada hubiera pasado...
Y vuelves a mi lado
y te espero como cada tarde
a las 7,15...

Tomando aquel café,
que el tiempo olvidó,
y el viento se llevó
como unos versos que escribí...

MADURÉ

Maduré contigo
siendo fruta prohibida para ti.
Cambié contigo ese vestuario
que tenía guardado
...amé contigo,
y lloré contigo.
Sonreí contigo,
y abracé al tiempo
contigo sentí tu cuerpo,
tus labios tus besos, tus manos
...te sentí como si fueras
aquella partitura mía,
y solo la tocaran mis dedos.
Maduré siendo esclava
de este amor incierto.
Sufrí en noches frías de invierno
al saber que te estaba perdiendo
...y no poder hacer nada
por este amor nuestro.

TOQUÉ TU VOZ

En esta mañana toqué tu voz,
una voz sensible, seductora, dulce,
como chocolatina envuelta
en un papel plata brillante,
como luna llena.

La toqué a pesar de la lejanía,
y me hablabas, y me susurrabas,
como si me quisieras dormir,
y me hubiera dormido,
pero junto a ti.

Sentí que me acariciabas,
como pluma que el viento llevara,
y llegara a mi corazón esa voz tuya,
dándome esa paz tan necesitada
acariciando mi alma.

Y llegué al cielo tan solo con oírla,
como el más dulce de los cuentos
ese que a todas las niñas nos gusta
el de Cenicienta convertida en princesa.

Toqué tu voz y me inundó,
como olas de la mar,
como gaviotas rozando,

y por un momento fui sirena
tan solo por escuchar tu voz,
esa que me desnuda por dentro
a pesar de tú no saberlo...

TE INVENTÉ

A cada día te inventaba
inventaba tus manos
esas que más de una vez acaricié...
Inventaba tu sonrisa,
y contigo carcajadas daba...
Inventaba tus labios
esos que adoraba...
Inventaba tu cuerpo,
y te abrazaba por la espalda...
Oía tu voz aunque tú no estabas,
mas contigo hablaba.
Y ahora llámame loca
por tenerte que inventar,
para no morir.
...Y sanarme de este amor,
que me mordía a pedazos...

¡Te inventé e hice de ti mi poesía,
esa que cada día escribía!

OJALÁ ENCUENTRES A ALGUIEN

Ojalá encuentres a alguien,
que te haga sentirte niña,
porque el amor es eso
no dejar de ser niños.

Ojalá encuentres a alguien,
que cada día te dibuje una sonrisa,
que tu boca se abra de par en par,
como un paraguas en día de lluvia.

Ojalá encuentres a alguien,
que esté contigo en todo momento,
que seas su amor sincero,
y seas en su vida lo primero.

Ojalá encuentres a alguien,
que te haga suspirar
que te desnude cada amanecer,
y te arrope cuando duermes.

Ojalá lo encuentres,
pero intenta amarlo en todo momento
recuerda que el amor se muere,
y este en cenizas se convierte.

Ojalá encuentres a alguien,
que te abrace tan intensamente,
que te dé alas para volar
y que tú siempre a su lado regreses...

Y si ya lo has encontrado
amarradlo despacio,
que no sienta ataduras
que estas a veces duelen...

...Ojalá lo encuentres.

HE RENUNCIADO A TI 25

He renunciado a ti,
a buscarte cada día,
cuando la tarde nos envolvía
a sacar de mi cartera la última fotografía,
para mirarla como primavera
que a mí no llegaría,
y sus flores no nacerían.

He renunciado a ti,
a no tropezar en cada esquina
con tus recuerdos,
a no oír tu voz desde lejos,
como luna menguante
que en unos días no vería,
como sueño que jamás se cumpliría
como ese amor que no besaría,
y unas caricias
que a mi piel no cubriría...

...Sí, he renunciado a ti,
pero no a escribirte estos versos,
que se mueren por decir
lo que por ti yo siento,
cuando su tinta negra se derrama
en cualquier papel blanco que veo...

OCUPAS MI ESPACIO

Ocupas mis pensamientos,
todo mi espacio.
Duermes en mis sábanas,
descansas en mi almohada.

Comes con mi cuchara,
usas mi tenedor,
mi cuchillo,
y hasta esa servilleta blanca.
Te atreves a abrir el almario,
e incluso eliges mi vestuario,
mi lencería fina,
y mis zapatos de tacón altos.

Te miras en mi espejo,
y coges mi carmín morado,
y buscas ese rímel
que tenía olvidado.

¿Y sabes por qué?
Porque aún te recuerdo,
cuando en aquella tarde muy fría
enlazamos nuestras manos...

AMOR INCIERTO 27

Desprendes en mí tu perfume,
como si fueras viento suave
que de mi boca sale
como lluvia caída del mismo cielo.

Sales a mi encuentro
donde me escondo en esa penumbra,
para no recordar tus deliciosos besos...
y no sentir en mi piel susurros de tu voz, esos,
que me pierden aun sin tú saberlo.

Pero
de pronto me dejo ver
los necesito,
son como mi propio aliento y te beso,
como jamás besé a nadie
muriéndome por dentro,
como mueren mis labios cuando no te siento.

Y así se me pasan las horas
atrapada a tu cuerpo, enredada,
como toalla deslizándose, recorriéndolo,
palmo a palmo sin quedar hueco.

Por más que lo intento
quisiera olvidar este amor incierto
pues no debería amarlo
y en las noches lo sueño,
donde lo amo con el corazón abierto...

ME HICE ADICTA

Me hice adicta a la vida,
al niño que llora,
al anciano que arrastra sus pies,
a las sonrisas mañaneras,
a las carcajadas en el atardecer.
Me hice adicta a la vida,
a ese amor que te llena,
a ese que te entregas.
A las noches de luna llena,
a los nubarrones grises,
a las lágrimas que salen del corazón,
y no se pueden esconder...
Me hice tan adicta,
que por mis ojos solo veo maravillas.
No sé, cuánto tiempo me queda de vida,
pero la exprimo a diario,
como una chocolatina que se derritiera.
Sí, me hice adicta,
tan adicta que me dolerá,
cuando tenga que irme
por eso quizás escriba,
porque me hice adicta a la vida,
y a las poesías...

EL ESCRIBIR POESÍA

El escribir poesía
es desnudar el alma
es remover heridas,
que el tiempo nos causa.
Es sacar tormentas,
que quemaron corazones
y a veces las entrañas...
Pero también es descubrir fantasías,
como que nunca acabaran
es empezar la casa por el tejado
es tocar las nubes,
y un arcoíris,
que te llevará en volandas,
como si estuvieras bailando un tango
de aquellos que volaras,
sobre ese arcoíris descalza y las estrellas
fueran violines que te acompañan...
El escribir poesías,
es estar enamorada
de unas letras que te hacen suspirar,
cuando su tinta derraman...

Y EMPEZÓ

Y empezó a vivir para ella
a gastar su tiempo en ella
a vestirse para ella
a pintarse para ella
a sentirse bien con ella...
a decirse «me queda tan poco en la vida,
que no sé cuándo me iré,
pero me parece tan poco,
que mi sonrisa siempre será,
como ese carné de identidad,
que cuando salgo de viaje
siempre llevo encima».

PASÉ POR TU LADO

Pasé por tu lado,
y créeme, me hubiera abrazado a ti
te habría besado,
como si la vida se me acabara,
y mis labios lo necesitaran
para sobrevivir.
Pero me aguanté,
aguanté esas ganas mías,
como barco su vela,
para no naufragar.
Y sí, así me sentí,
como ese barco,
pero a la deriva
por no abrazar tu cuerpo,
por no sentir tus labios.
Por no poseerte una vez más,
y sentir tu piel,
tu piel sobre la mía en nuestra cama,
en esa alcoba,
que tantas hicimos el amor,
pero un amor,
que nos desnudaba el alma.
Recordé todo lo nuestro,
lo que vivimos,
lo que sentimos.
Pero marché.

Sí, marché,
como alma que lleva el diablo,
altiva, orgullosa,
para no sentir este amor,
que cada día más me enloquecía,
que a mis venas ardía,
como llama que no se consumía.
Aun a sabiendas,
que tú de mí te olvidaste
en una noche fría,
cuando sentí tu traición,
esa que mis labios jamás olvidarían
y mi piel de color cambiara un maldito día...

¡SI PUDIERA DECIR

Si pudiera decir lo mucho que te extraño,
posiblemente se abriría el cielo.
Si pudiera decir, que te echo de menos,
y a cada noche sueño con tus besos,
como ese niño que despierta,
y se refugia en el pecho materno...

Si pudiera contar al mundo lo que por ti siento
sería todo hermoso
y la luna sería
siempre espejo.
Y esas estrellas melodías,
donde tú y yo bailaríamos,
ese tango abrazados,
como si fuéramos amantes incansables.

Si yo supiera escribirte un verso
te escribiría con letras mayúsculas «TE AMO»
y en la comisura de tus labios pondría,
ese beso deseado por mis labios.

Si yo pudiera decir, que vives en mí,
y que a cada día, a cada noche, pienso en ti,
donde me siento embrujada cada vez,
que mi alma te reclama,
y pronuncia tu nombre callada,

como si fuera un pecado el amarte
sin tú saber nada.

Habiéndote marchado aquella mañana temprana.
Envolviendo mi sonrisa en lágrimas
quedando cristalizadas,
como gotas de agua...

CUANDO

Cuando las palabras no salen
fluyen en las pupilas
tu boca las calla,
y tu alma las guarda.
Sintiendo el más bello placer
que pueda existir.

Cuando te amo en silencio
mi saliva se endulza
mis ojos se cierran
y te amo...
sí,
te amo en silencio
entregando todo lo que llevo dentro.

Cuando mi respiración se entrecorta
buscando tus labios
sintiendo el momento,
y este gran amor
que guardo en mi pecho.
Te quiero
cuando...

ME ADAPTÉ A TI

Me adapté a ti,
a tu forma de pensar,
a la sonrisa de tus labios,
esos que me vuelvan loca,
cuando voy a besarlos.
Me adapté a ti,
a un café compartido
en días de lluvias,
cuando tú y yo nos miramos,
y sin querer sonreímos
como dos niños enamorados...

Me adapté a ti,
como talismán que la lluvia
no lo despegara,
como arena y playa,
y olas que a tu cuerpo acariciaba.

Me adapté a ti,
como poeta a su poesía,
cuando con el alma las escribía,
y el viento las envolvía...

Me adapté a ti...

ME QUEDÓ PENDIENTE

Me quedó pendiente el café
el último café de las 4'30
el que azúcar no llevaría
el que nunca frío se pondría
el que a poco me sabía.

Me quedó pendiente la última mirada
la que se instalara en el alma
el último beso dado en un atardecer dorado
aquella noche sentados al lado de una farola
y nuestras manos enredadas,
como enredaderas que no soltaban.

Me quedó pendiente tanto,
que soy estudiante que no aprobó,
esa asignatura que cada tarde repasaba
detrás de aquella ventana,
cuando el otoño llegaba
y la cortina mi cara acariciaba.

Me quedó pendiente
el último te quiero cerca de tus labios
los últimos juegos que compartíamos,
y como dos niños reíamos.

Me quedó pendiente tanto,
que soy presa de este amor que guardo...

SI TE VUELVO A VER

Si te vuelvo a ver,
que sea todo como antes,
pero sin buscar ningún culpable,
que si algún error cometimos,
quizás fuera el tiempo
el que marcara nuestro destino.

Si te vuelvo a ver,
que sea todo como antes,
que nuestras miradas se crucen,
que jueguen entre ellas,
y si hace falta que se les quite la vergüenza,
que tú y yo nos quisimos,
y al mundo no ha de importarle,
cómo, y de qué manera lo hicimos.

No busquemos ningún culpable
tan solo amémonos,
como lo hiciéramos antes,
cuando la tarde nos refugiaba
tan solo para amarnos...

YA

Ya le rogaste, mujer
ya te humillaste
ya te arrodíllate
ya lloraste
ya le pediste perdón
y ahora te preguntas
por qué le rogué
por qué me humillé
por qué me arrodillé
por qué pedí perdón
si ningún pecado cometí...
Tan solo me enamoré
de alguien que no supo ver
lo que es el amor...
Y jamás me valoró como mujer...
Ya amaneció el alba para ella
Ya se enamoró el atardecer,
y ahora vive para ella,
y por ella, besándose
cada vez que amanece el día...

Hoy

Quise saborearte,
estrujarte, exprimirte, mirarte,
que se quedara en mi retina
todo lo que de ti me envolvía.
Y empecé a saborearte poco a poco,
lentamente como una primavera
que viniera tardía...
Y así lo hice te exprimí,
y saqué el jugo que había
ese que se llama vida...
Y miré todo lo que tenía
todo lo que había a mi alrededor
y me vi caminar con mis zapatos de tacón
por una alfombra roja,
donde tú me esperabas
para bailar aquel tango,
ese que se llama *amore mio*...

BESOS EN LA FRENTE

A quién no le han besado,
le han besado en la frente
y han limpiado sus lágrimas
diciendo no pasará nada.
Quién no ha sentido los labios,
cuando unos besos han dado
quién no echó sus brazos al cuello
musitando un te quiero.

Qué besos más tiernos,
cuando se dan en la frente
es como un refugio sin paredes,
que salir de él nunca quieres.

Cuánto amor derrocha,
cuando se besa en la frente
cuando se oyen unas palabras
y el viento las envuelve.
Qué calor llevan los besos,
los besos en la frente
son como una medicina,
que al alma reavivan...

MI PLUMA

Se vació mi pluma
la que estaba en el tintero
debió secarse su tinta,
y no la recogí en mi pañuelo.

Se vació mi pluma,
aquella que escribía versos
la que se erizaba en mi mano,
cuando oía un te quiero.
Se secó mi tinta
esa que escribía en negro
la que derramaba lágrimas
y decía lo que siento.

Hoy rellené mi pluma,
para escribir mis sentimientos,
pero estos no me dejan
será que he perdido tus besos...

CUANDO EN TI PIENSO

Cuando pienso en ti
pudiera escribir la poesía más bonita,
más bonita del mundo.
Cuando pienso en ti
mis ojos son estrellas
mis dedos olas,
que recorren tu cuerpo.
Mis labios se entreabren,
como esperando tus besos.
Cuando en ti pienso
soy como mariposa,
que bebe el néctar de tu piel
sacando de mí todo lo que llevo adentro.
La poesía más bonita del mundo
lleva nuestras iniciales,
esas que se quedaron marcadas
en una servilleta de papel,
que aún a día de hoy conservo...

TU AUSENCIA

Me acostumbré a tu ausencia,
a que llegaras un lunes
y el martes te marcharas,
a mirar tu ropa encima de la cama,
pero a la mañana siguiente no estaba.

Me acostumbré,
a esas idas y venidas,
a que no me dijeras nada.
Ni tan siquiera los buenos días me dabas
aunque te saludara,
y mis labios te reclamaban.

Me acostumbré a mirarte,
pero mi boca callaba
Mientras tú te arreglabas
delante de aquel espejo
que no devolvía tu mirada.

Me acostumbré,
a que no me echaras de menos,
ni tan siquiera una llamada,
o un ramo de flores con una tarjeta.

Me acostumbré
a tomarme el café a solas,
a escribir poesías,
cuando tú no estabas,
a inventarme que aún me querías.

Pero no me acostumbré,
a dejar de pensarte,
a soñarte,
a querer amarte,
y a esta ausencia tuya
que me desborda...

DE TI APRENDÍ

De ti aprendí,
que las flores no mueren,
que la primavera siempre se viste
con un vestido de raso,
calza zapatos de charol,
y no usa maquillaje,
para salir al sol.
De ti aprendí,
que el cielo es siempre azul,
que las nubes son barcos,
donde hay un marinero,
que nos da su luz...
De ti aprendí,
que la vida es lo mejor,
que se tiene en las
manos,
que es como un vestido
que estrenas cada día,
y lleva puntadas escondidas.
De ti aprendí,
que una mirada
vale más que mil palabras...
De ti aprendí,
que amar en silencio
es desnudar el alma...

CADA VEZ

Cada vez,
que piso tus huellas
tengo un verso en mis labios,
un te quiero que anda vagabundeando
sin querer ser sepultado,
y anda por los rincones llorando.

Cada vez,
que remuevo mis recuerdos
salpican a mis ojos,
como aquel charco que rebosa,
como aquellas canales,
que mis lágrimas llevaran.

Cada vez,
que pronuncio tu nombre
se hace un nudo en la garganta,
como si la saliva no tragara,
mi aliento no pasara,
y la respiración cesara.

Cada vez,
que quiero olvidarte
siempre hay algo,
para volver a recordarte,

es como aquel viento,
que no dejara de llamarte...
Y yo de amarte aun siendo
el peor de mis pecados...

SI TE ACUERDAS DE MÍ

Si te acuerdas de mí
regálame una sonrisa,
pero que se quede refugiada en mis entrañas
que la pueda sentir
por si algún día la necesitara.

Si te acuerdas de mí
escríbeme un poema,
donde mi nombre pronuncies,
ese que te despertaba cada mañana.

Si te acuerdas de mí
mándame unos besos,
que los recogeré rociándolos
en el borde de mi almohada...
...Si te acuerdas de mí

NUESTRO ADIÓS

Tal vez sea tiempo
de decir un adiós,
aunque este se
quede anudado en la garganta,
y la saliva se nos quede estancada como ancla,
que el capitán de su barco echara.

Tal vez el tiempo se nos acabó
aunque el maldito reloj siga marcando
esa horas en punto,
las que ni tú ni yo olvidamos.

Tal vez algún día muy lejano
pensemos que fuimos niños malcriados
al romper un amor,
que en verdad nos quisimos,
y a la vez nos adorábamos.

Quizá en una tarde de lluvia,
cuando sus gotas caían,
cuando salpicaba las paredes,
cuando ellas retozaban,
y juntas por la reguera corrían,
y jugueteando saltaban,
como tú y yo cada vez que nos mirábamos...

Tal vez en una tarde cualquiera,
o en una tarde de mayo,
tú y yo volvamos a encontrarnos,
pero pasó tanto tiempo,
que no nos reconozcamos,
y pasemos de largo sin saludarnos
porque ya seremos viejos,
y nos habremos olvidado
de lo que vivimos en un tiempo,
en un tiempo muy lejano...

VOLVÍ

Volví a tenerte,
pero no te tenía
tan solo estabas en mis pensamientos,
y en los besos
que nos dimos un día...

Volví a jugar contigo
como siempre lo hacía,
pero se me perdió tu sonrisa
en aquel callejón que te escondías...

Volví a caminar a tu lado
mientras mi mano cogías,
pero la sentí fría
será esa distancia
que nos apartó un día...

... volví.

NOS QUEDA UN CAFÉ PENDIENTE

Nos queda un café pendiente,
pero de esos de fogón
de los que hacía la abuela.

Sí, nos queda un café pendiente,
ese que nos esperaba cada tarde
cuando esta anochecía.

Y espero ese café,
como espero el alba cada día,
como espero una noche estrellada,
cuando la luna llena se viste de plata.

Nos queda un café pendiente,
que no olvidaré,
pero ese café cuando llegue
con todo mi cariño removeré...

Nos queda un café pendiente,
pero de esos de fogón
de los que hacía la abuela...

POESÍA

Desde muy joven te conocí
te necesité
contigo me escondí
en ti me acobijé,
y con tinta negra escribí
todo aquello que guardé.
Poesía...
Eso eres para mí
sentimientos a flor de piel,
cuando cojo en mis manos un papel...

TU ALMA Y LA MÍA

No sé,
qué día fuera,
ni qué mes,
ni recuerdo el año,
que marcara el almanaque
aquel que estaba colgado
en esa pared blanca.
Solo sé,
que cambiaste mi vida,
todo lo cambiaste de lado.
Mis medias de cristal negras,
ya no estaban en el mismo cajón,
y aquellas alhajas,
que guardaba en el joyero.
Lo cambiaste todo de lado,
e hiciste limpieza en mis sentimientos.
Contigo aprendí a saber vivir,
a besar con la mirada,
a sentir con el alma,
a no sentir rencor,
a no tener envidia,
a llorar en silencio,
cuando moría la tarde.

Me cambiaste, amor,
y en mi corazón grabaste un tatuaje
a fuego lento, suave, despacio,
como esa cerilla a punto de apagarse,
sin dolor, sin quemaduras,
y unos hermosos versos se grabaron
con pasión, muriendo de amor,
cuando tu alma y la mía
se desnudaron a la vez
en noches largas de invierno...

TÚ NOMBRE LO ROBÓ EL VIENTO

Tú nombre lo robó el viento
no sé cómo lo hiciera,
ni cómo sus letras se llevara
ni qué equipaje el viento usara.

Tu nombre lo robó el viento,
dejando desvestidas sus letras
e iban descalzas sobre la arena
sin dejar ni tan siquiera huellas.

Tu nombre lo robó el viento,
y este no me lo ha devuelto para leerlo
debe ser que se lo llevara muy lejos,
y mi garganta enmudece por no tenerlo

... tú nombre se fuera volando,
el viento lo robó en un amanecer
mientras alzara su vuelo,
más le mando unos besos
ellos irán surcando,
hasta que lleguen a un buen puerto...

ENCAJÉ EN TU VIDA

Al final encajé en tu vida,
como aquel rompecabezas
que tan solo le faltaba una pieza,
y esa pieza la colocaste en tu corazón.

Encajé en tu vida
siendo la pieza preferida
pensabas en mí en cada momento
y mi sonrisa la llevabas muy adentro.

Encajé en tu vida
me hiciste a tu medida,
como vestido que me probaría
y que este siempre me
valdría...

Acabaste tu rompecabezas
y colocaste la última pieza,
esa que más de una vez miraste,
cuando en un atardecer amaste.

... ¡Y me gustó ser tu última pieza!
la que nunca más movería,
y un rompecabezas acabaría.

...Encajé en tu vida.

CUIDADO CON ESAS MUJERES

Cuidado con esas mujeres
que les gusta la poesía...
Ellas son sensibles, intuitivas, y posesivas.
Si aman, aman de verdad,
pero serán siempre de un solo hombre.
Pero no las traiciones,
que te dejarán a un lado,
como si no te hubieran conocido.
Ellas no son rencorosas,
pero no olvidan...
Pueden perdonar una vez, dos o tres,
porque son románticas por naturaleza.
Cuidado con ellas, te las puedes
encontrar en cualquier parte...
Sentadas en un banco simplemente mirando
tomando un café en una terraza
caminando descalzas
mirando un atardecer
mientras se muerden los labios,
e incluso cierran sus ojos
y fingen estar soñando.
Son astutas y al mismo tiempo
inocentes, pero están algo locas...
Aman el silencio,
pero también el bullicio.

Las puedes ver bailando solas,
o en cualquier lado
no sienten hacer el ridículo
porque se aman a sí mismas...
Y cuando duermen
lo hacen boca abajo abrazándose
porque tienen una gran autoestima
no necesitan que les echen flores
ellas se las echan cada día...
Cuidado con ellas,
que son mujeres que se enamoraron
de la poesía,
a cualquier hora escriben,
y nos les faltan las palabras...
Cuidado con esas mujeres
están algo locas,
nunca sabrás si ríen o lloran...

HOJAS QUE ROZAN EL VIENTO

Cada vez que te recuerdo
se me hace un nudo en la garganta,
como si el aire no pasara,
y la respiración cortara.

Pronuncio tu nombre,
y mi voz se quejará,
como que llevará un dolor,
un dolor metido en las entrañas.

Recuerdo tu voz,
cuando salías a mi encuentro,
y mi piel se estremece,
como hojas rozando el viento.

Tu fotografía aún la conservo,
como conservo el sabor de tus besos,
aquellos que nos dábamos
mirándonos en silencio.

Tardes pasábamos,
y horas enteras amándonos,
tú, acariciabas mis manos,
mientras, decía te amo.

Tu sonrisa se abría,
como pétalos tiernos,
siendo primavera encendida
quemando nuestro aliento.

Echo de menos esas tardes,
y esas caricias otoñales,
cuando nos mirábamos frente a frente,
como amantes en secreto...

TUVE QUE ACEPTAR

Tuve que aceptar,
que mis abuelos no estarían para siempre,
que mis padres se me irían de mi lado,
que mis amigos de infancia se fueron.
Tuve que aceptar,
que la Juventud no es eterna,
que los dieciocho años se van,
como tren de velocidad.
Tuve que aceptar,
que mis hijos volarían,
que harían su nido,
que no son míos.
Tuve que aceptar,
que la vida son cuatro días,
que estamos de vacaciones acá.
Que todo se va,
como la belleza,
como los abuelos,
como los padres,
como los hijos.
Tuve que aceptar,
que dejé de ser niña,
que ya no saltaría como antes,
que no correría,
que aquella infancia se me fue,

por mucho que quisiera
recordarla, y quedarme en ella
atrapada, como pez en la red.
Tuve que aceptar,
que nada es para siempre.
Tuve que aceptarme,
y empecé a quererme,
tal y como soy,
con mis errores,
con mis derrotas,
y con aquel callejón sin salida,
que cada día más oscuro lo veía....
Tuve que aceptarme,
para encontrarme...

ME DESNUDÉ

Me desnudé
sin llegar a quitarme prenda ninguna.
Me desnudé cada vez que te veía
cuando mi mirada en ti se clavaba
cuando tus labios rozaba,
y mi piel se erizaba.

Me desnudé en un otoño,
donde contigo vibraba
como cuerdas de una guitarra.

Me desnudé en un invierno
cuando tú con tus brazos me arropabas
y entre ellos me dormía
como niña asustada.

Sí, me desnudé,
pero era mi alma la que se desnudaba,
cada vez que contigo me encontraba,
en un atardecer que nos deslumbraba...

ÁMATE TÚ

Y si al mundo no le gustas,
que le den,
que ha de importar
gústate tú, y con eso basta...
Mírate delante de tu espejo,
date miles de besos
límpialos muy suaves,
pero con el alma,
esos nunca acaban de limpiarse,
se quedan ahí, quietecitos, sin moverse,
como un niño recién dormido sabiendo,
que al despertarse su madre,
siempre estará ahí,
para volverse a dormir.

TU VERSO

Amaneció la mañana con tu recuerdo.
Con ese verso corto tuyo.
Ese, que se adentró en la sangre de mis venas.

Y, que a cada día recuerdo.
Esas palabras silenciosas
llegaron a mis tímpanos
como cascabeles
como esa primavera
que me enamora
como ese arroyo desbordado...

Así me siento cada vez,
que recuerdo tu verso.
Debiste sellar tus labios,
y apretar tus dientes,
o haberte mordido la lengua.
Y no decir ese verso
en aquella tarde fría,
donde yo revoloteaba
entre hoja de otoño seca....

ESTÁ AMANECIENDO

Está amaneciendo,
y duermes,
siento tu respiración relajada,
nuestras sábanas nos rozan
estamos desnudos,
y yo te siento en este amanecer.
Mis manos recorren toda tu piel
milímetro a milímetro,
mi deseo se desborda,
cada vez es más intenso.
No quiero dejar hueco vacío
quedando mis senos sobre tu espalda
y sigo manteniendo esas caricias.
Mis manos juguetean entre las sábanas,
ya te desperté, y te dejas llevar,
como ola de la mar
a esta entrega mía.
Mi pulso se acelera,
mi sangre corre ligera por mis venas.
Todo fluye, están nuestros cuerpos ardiendo,
siento tu pulso, y tu aceleración,
y te beso, y me besas,
y te miro , y me miras.
Y nuestros besos se hacen más prolongados
más intensos...
donde somos océanos de un azul cielo.

Y siento que te tengo,
y eres mío, y soy tuya,
y siento todo tu cuerpo
tu respiración va aprisa,
como un reloj con pilas nuevas
vertiendo en mí esa chispa de la vida,
y esta chispa nuestra
a nuestro amor eterno,
ese que me llama por momentos,
entregando todo lo que poseo,
siendo tuya en cuerpo y alma.
Siendo rocío en la mañana,
y en el atardecer somos reflejos que se aman,
amándose en la mañana,
para toda una vida entera,
dios, cómo me haces falta,
necesito tenerte, sentirte,
hacerte mío,
como si fueras mi aliento...

NUESTRA HISTORIA

Nuestra historia comenzó
en una noche de lluvia...
Con unos versos en tus labios.
Tengo que decirte algo
tú me gustas...
Nuestra historia comenzó
con un beso robado
en un peirón por el tiempo olvidado
en una esquina,
cuando con alguien tropezamos,
e íbamos abrazados.
Nuestra historia comenzó
mirando la luna cada anochecer,
cuando paseábamos...
Sí, no podía ser de otra manera,
que nuestra historia empezara
con una noche de lluvia,
donde tú y yo nos mojamos...
Y con unos versos en tus labios...

EL VIENTO Y MIS VERSOS

Te oí,
como un viento que acariciaba mis cabellos.
Te oí,
como mi más bella melodía
esa que me silba día a día.
Sí, te oí
te oí en tu llegada,
donde llega el alba impregnada
con ese olor de azahar.
Te oí bajo la lluvia en un amanecer
donde la lluvia mojó mi piel
y mis labios se abrían
debían tener sed.
Te oí,
donde nace la poesía
donde la noche no muere
y se ciñe de melancolía
y el poeta escribe,
y escribe renglones,
donde su alma se siente desvestida
por un amor que muere.
Y ahora me siento toda lluvia
esperando bajo los canales
salpicando aceras y paredes,
donde las flores son de colores
y me llevan,

y me traen recuerdos de mis primeros amores
alzándome en volandas,
como sirena descalza...
Y se oyó mi voz exclamando aquel dolor
en aquel verso mío
agua que cae traspasando mi piel
en un anochecer bajo el manto de la luna
yo me sentí estremecer
cuando de nuevo te volví a oír...

MI EXCUSA

Solo buscaba una excusa,
para estar cerca de ti,
para volver de nuevo a oír tu voz
cuando sentía tu respiración.

Buscaba una excusa,
como ese primer anillo
que se me había perdido
como primavera con olor a romero.

Sí, buscaba una excusa
pero que fuera
perfecta no unos buenos días,
que todo el mundo da,
o ese «¿hola cómo estás?»
que a veces sabe a hipocresía.

Y hoy, necesitaba una excusa,
para volverte a ver,
para escribir un poema
donde dijera:
«¿Dónde estás que no te encuentro,
dónde se quedó mi recuerdo,
dónde un juramento
que hiciste?»
cuando era para ti lo primero.

Y ahora, como que se olvidara de mí
aquel reloj que marcó nuestro tiempo,
cuando éramos brasas
de un hermoso fuego.

Sí, tan solo buscaba una excusa,
para decirte, mierda,
lo pusiste todo patas arriba,
cuando todo lo tenía planeado
desde hace mucho tiempo...

SE ACELERÓ

Se aceleró el pulso,
y yo diría que hasta nuestro amor.
Se aceleró nuestro cuerpo,
y se aceleró la pasión...,
y pusimos freno,
cuando nos miramos haciendo el amor,
como si hubiéramos bailado aquel tango argentino,
que no sé de dónde salió,
y quién cantó,
a la sombra de un hermoso amor...

TE ESPERO

Te espero,
pero no sé dónde esperarte,
no sé qué camino he de tomar,
ni qué atajo mis pies han de pisar.

Te espero,
aunque el frío muerda,
y se congele la sangre en mis venas,
yo he de esperarte,
cuando la tarde muera.

Te espero,
como aquel marinero
que mira a la luna contándole sus penas,
aun a sabiendas de que no vengas.
Seguiré esperándote,
mientras robaré tus sueños,
siendo prisionera de ellos
encarcelada en tus besos...

MUESTRA MAÑANA

Amaneció la mañana
con tu nombre en mi boca
tragando mi saliva azucarada
con un beso en tus labios.

Amaneció la mañana
toda ella sonrojada
regalando una primavera,
que a nuestra piel quemaba.

Nos despertó el alba
con caricias en la almohada,
y ella nos las entregó
en nuestras sábanas mojadas.

Nos vistió el alba
de albahaca recién cortada
con ese aroma a menta,
cuando besé tu fresca boca...

QUIÉREME ASÍ

Quiéreme
a las 4 de la tarde,
a las 6 en punto de la madrugada.
Quiéreme así,
cuando nazca el alba,
cuando muera el día.

Quiéreme triste,
cuando lloro y mojo la almohada.
Quiéreme alegre
como castañuelas
quiéreme loca,
cuando bailo en los charcos.

Quiéreme de blanco,
de negro, de verde,
de rojo, de un azul celeste,
y de un morado permanente.

Quiéreme con vestido largo
con zapatos de salón
con perfume Chanel,
y con bolso de Laura Vela.

Quiéreme recién levantada,
despeinada, sin maquillaje en la cara,
con alpargatas en el mercadillo compradas,
y abrochando la bata algo arrugada.

Quiéreme de frente
Quiéreme de espaldas
quiéreme de lado,
y dime al oído,
que de mí sigues enamorado
a pesar del tiempo que ha pasado...

HACE UN TIEMPO

Hace un tiempo
que no sé nada de ti,
que perdí tu rastro,
que apenas recuerdo tu voz.

Pero aquellas canciones tuyas y mías
aún las sigue bailando mi corazón
y este se llena de nostalgias
cuando recuerda tus brazos,
y el compás de tus pasos.

Hace un tiempo que mis mañanas
no son las mismas,
que no pronuncio tu nombre,
que siento rabia,
que perdí tiempo contigo,
y dejé de estar conmigo.

Hace un tiempo,
que ya no te interrumpo con mis besos,
que no me muerdo los labios
cuando te veo,
que no siento mariposas en el estómago,
y mis piernas no flaquean si te recuerdo.

Y es que hace tanto tiempo,
que no se nada de ti,
que debo escribirte unos versos,
aunque a veces quisiera dejarlo,
pero me arrastran mis sentimientos,
cuando recuerdo lo mucho que te amé,
y hoy ya son recuerdos que se llevó el viento...

SI ME FALTARAS TÚ

Si me faltaras tú
no sé, amor,
qué pasaría,
y qué pensaría,
qué camino tomaría,
y mi cuerpo qué ropa usaría,
pero de negro el corazón vestiría...

Si me faltaras tú
posiblemente el río se congelaría
el campo moriría
los pájaros no volarían
el viento callaría,
y aquella primavera nunca nacería.

Y, si el río no se congelara
el campo no muriera
los pájaros volaran,
entonces sería yo la que gritara
junto a esa primavera,
y al viento tu nombre dijera...

AQUÍ ESTOY

Aquí estoy sin saber dónde ir,
ni qué calle cruzar,
ni que puerta abrir,
ni tan siquiera qué portal.

Aquí estoy,
como flor solitaria en un jarrón,
y sus pétalos al suelo cayeron
sin tener quien recogerlos.

Aquí estoy intentando,
cómo volver atrás.
Pero no un mes, ni dos,
serían años los que quisiera retrasar.

Adentrándome en mis adentros.
Pero me hace daño,
cuando en ti pienso,
cuando sé que nunca podré tenerte,
más te sueño.

Enamorándome de ti
aun sabiendo que te perdí.
Aquí estoy una noche más,
oyendo el tictac del reloj,

ese reloj que su segundero no deja de andar
es el único sonido que oigo
además de mi corazón recordándome,
que te necesito cada día más.

Y SI QUEDAMOS

Si quedamos tú y yo ahora...
Dime,
¿y si quedamos
en aquel bar
donde lo hacíamos antes?
Recuerdas cómo nos mirábamos
yo aún no lo he olvidado.
Y, cuando dábamos aquel paseo bajo la luna
cogidos de las manos
éramos dos locos enamorados
... ¿lo recuerdas?
yo, aún no lo he olvidado. Recuerdas,
cuando me decías te quiero vida mía
¿lo recuerdas?
yo, aún sigo oyendo esos susurros
que se quedaron grabados
como si fueran mi tango bailado
... ¿lo recuerdas?
yo, sigo amando más allá de mi recuerdo
más allá de tu nombre.
Sigo esperando
el bailar contigo ese tango
... ¿lo recuerdas?
yo, aún no lo he olvidado.

Bailemos pues ese tango,
donde tú y yo seamos melodía
bajo una lluvia de violines y carpas bailando.
.... bailemos pues, mi amor, lo estoy deseando...

ME ENAMORÉ DE TI

Me enamoré de ti
sin pensar,
sin querer,
pero sucedió así sin más.
Créeme que fue así
no quería enamorarme,
no quería tenerte en mi cabeza.
Pronunciar tu nombre en silencio,
como si fuera un pecado el amarte.
A cada mañana me repetía
«somos tan diferentes».
Pero de nada me valía,
pensaba en ti a cada momento
miraba el reloj y aún no marcaba esa hora nuestra,
donde tomábamos el café, ese sin azúcar,
porque el azúcar lo llevaban nuestros labios,
y unas caricias interminables,
cuando eran las siete de la tarde.
Sí, cada día te deseaba más,
necesitaba tus caricias,
como la mar necesita sus olas,
y ese sabor de tu boca junto a la mía.
Pero no debí enamorarme de ti.
No, de tus promesas que luego fueron mentiras,
y aquí estoy, lamiendo mis heridas
aprendiendo a vivir sin ti

echando más de un carajo a la vida,
y por qué no, maldiciendo el momento,
donde te conocí,
donde por primera te sentí,
cuando te miré de arriba abajo,
como un libro abierto repasando sus páginas,
que para mí eran todas versos.
Y sí, me dicen que te olvide,
que tú ya lo hiciste,
pero cómo olvidar,
cómo olvidarte si es mi alma
la que se enamoró de ti,
sin querer,
sin pensar,
pero así fue,
y así seguiré,
porque cuando el alma se enamora
esta lo hace para toda una vida...

DEBISTE CALLAR

Debiste callar aquella tarde
debiste morderte los labios,
y guardar tus palabras,
esas que a cada día me hacen daño.

Pero no, no te callaste,
y me abriste el alma,
un alma que tenía cerrada,
y esta ya no suspiraba.

Podría decirte,
que te amo y te odio,
un odio que siento,
cuando no te tengo

y un amor,
que no sé dónde esconderlo
porque me arde el pecho,
cada vez que te busco y no te encuentro...

SE DESPIDIÓ

Se despidió,
como una primavera sin color,
mustia, incolora,
donde el sol no había brillado,
y el arcoíris jamás salió.

Se despidió con esas ausencias,
que quemaban, que desgastan,
que a cada día a su piel desteñían,
como pájaro enjaulado,
y su plumaje a cada día caía.

Se despidió,
pero sin lágrimas con esa indiferencia,
que el tiempo le había dado,
que la gente le había enseñado.
Con una sonrisa falsa,
que al viento devolvía
con aquella mirada fría.

Se despidió,
como las golondrinas de Bécquer
de estación en estación
sin poder posarse en el andén,
así se despidió,
cuando su vuelo emprendía,
sin saber si volvería...

ALGUN DÍA

Algún día no muy lejano te diré,
que estoy bien, que sigo en pie,
pero no como yo quisiera,
pero tampoco mal,
como más de uno desearía.

Quizás te diga un día,
que mi herida se cerró,
pero cuando llega el otoño
esta se abre un poco
como ahora lo está haciendo.

Quizás te diga un día,
que volví a sonreír
que soy la de antes
esa que tú conocías,
y por cualquier cosa sonreía
sin importarle quien la veía
o lo que de ella dijeran ese día.

Y sí,
quizás algún día no muy lejano,
cuando este otoño termine,
y mi llaga esté cerrada, rematada,
como si mi piel no la reconociera,
y ni rastro de ella se viera

quizás entonces deje de escribirte versos,
aunque nunca te olvide,
pero serán mis últimos versos tristes,
como Neruda, escribiera.

O tal vez vuelva,
como las golondrinas de Bécquer,
cuando alguien pronuncie tu nombre,
y recuerde lo que fuimos
en noches frías de invierno...
mientras el agua salpicaba unos cristales,
donde escribimos nuestras iniciales...

NUESTRA ÚLTIMA NOCHE

Aquella noche necesité una palabra,
Tan solo una.
Necesitaba oír tu voz.
Esa voz que me llevaba a un precioso
Jardín de infancia.
Pero tu boca callaba en esa última noche.

Tus labios se cerraron,
Como aquella planta que jamás
sus pétalos volvió a abrir.
Un ruido te molestaba por muy pequeño que fuera...
Cualquier cosa que a tu lado llegara
era para ti aquel sobresalto,
que en tu cuerpo mandaba,
como una peonza dando vueltas
en unas baldosas blancas.

Tu miedo lo hice mío
lo incorporé como si fuera aquella cena
que no probé.
Y se rompió aquel contrato de amarnos
ese que hicimos tú y yo cada vez
que nos besábamos.

Jamás me sentí tan sola junto a ti
jamás pensé que esto pasaría así
me parecía un sueño queriendo despertar,
y aquella noche me llamé Soledad.

LLEGAMOS

Llegamos a lo alto de la cima
sí,
llegamos
nuestro amor reposó en las alturas,
como águila imperial...
sin olvidar nuestros vuelos y quiebros
sin olvidar las noches en penumbras
las noches a oscuras
esas,
donde no nacía la luna,
donde las estrellas se escondían,
como si fuera pecado el iluminar
su hermosura...,
pero tú y yo llegamos
e hicimos la cima nuestra con caricias
hechas a nuestras medidas,
que se ceñían a nuestros cuerpos
a cada poro de nuestra piel
llegamos tocando,
y toqué tus labios
apenas sin rozarlos...
y te abracé, sí,
te abracé locamente,
para que no escaparas
gritando a la mañana...

Rozando con tu voz
enamorando mi alma...
Traspasando con tu aliento mi muralla.
esa que tú solo hallas...

AÚN NO ME HE IDO

No, no me he ido,
aún sigo aquí,
mirándote de arriba abajo,
como el mejor de mis poemas...

No, no me he ido,
sigo aquí, a tu lado,
como siempre, como un reloj
que la cuerda no se le acaba,
que marca todas sus horas,
y su segundero miles de vueltas diera.

No, no me he ido,
sigo recorriendo los mismos caminos,
apartando las piedras,
para no tropezar en ellas y así poco a poco
voy marcando mi destino.

...No, aún no me he ido,
aunque a veces sintiera,
que en el mismo camino me perdiera...

A VECES

A veces no encuentro palabras,
para decir lo que siento.
A veces es como que se perdieran los versos.
A veces me sintiera plana
como aquella libreta con las hojas arrancadas.

A veces me sintiera como olvidada,
como aquella lluvia que nunca mojara
A veces en mi misma piel me siento extraña,
es como aquel tren que nunca alcanzara.

A veces en sueños te amara
otras te odiara.
Soy como un madejón de lana roja,
que perdió la punta desde que dejó de tejer
sus lágrimas enamoradas.

CUANDO YO ME VAYA

Cuando yo me vaya, amor.
No quiero que tú me llores no,
recítame un poema
de aquellos que vistan flores.
Recítalo al viento, sí,
como si fuera ese jardín nuestro,
donde el rocío cada día nos regaba
empapando nuestros cuerpos,
y el sol nos rayaba como si fuéramos fuego.

Cuando yo me vaya, amor...
tú a mí no me llores
no, llévame en tu pecho grabada,
como uno de tus grandes amores.

En las noches volveré
como tantas veces te prometí hacerlo.
Y en el alba partiré,
sí,
dejando ese beso en los labios,
pero al despertar sabrás mi amor,
que tus labios besé,
pues dejé en la alcoba aroma de mi piel...

VERSOS CORTOS

Y ella le dijo,
«escríbeme el verso más bonito del mundo»,
y él tan solo escribió
«eres mi aliento».

Te besé tantas veces las manos,
que el cielo se llenaba de estrellas
e hicimos que el día se iluminara
como si la Navidad naciera
...al rozar mis labios en ellas.

SI YO PUDIERA

Si yo pudiera escribir
lo mucho que te quiero
no me cabría en un renglón
ni en dos...
Ni tan siquiera en un folio entero.
Necesitaría miles de estrellas,
para decir lo mucho que te quiero.
Pero, con un solo beso lo diría,
y en tus labios quedaría escrito
como escribo estos versos,
que de mis dedos sale huyendo
como si tuvieran fuego...

DE QUÉ ME SIRVE

De qué llamarte
si mi voz se pierde en el viento
y las palabras son como hojas secas
que las lleva muy lejos.

De qué me sirve quererte
si a veces ni te encuentro
es como una noche en penumbra,
cuando siento que te pierdo...

De qué nos sirvió tanto amor,
cuando tú y yo estamos tan lejos
y somos recuerdo
que olvidó el tiempo...
...de qué me sirve llamarte
de qué quererte
si ya no estoy en tus sueños
y tu voz se fue escondiendo,
como a veces escondo mis versos.

...Y mueren en silencio
sin nadie leerlos.

DÉJAME

Déjame tejer
deja,
quiero hilvanar la prenda
la prenda del amor
déjame tejerla
lo haré con precisión
como si se tratara del más bello motor
con paciencia y tesón...
Deja,
que la teja con hilos de pasión
mezclaré rojo y platino
ellos harán el amor
con sus roces y color.
Quiero tejer,
como si fuera mi primera vez
como pompas de jabón
resbalando sobre tu piel
dejando mi aroma por tus poros
serán gloriosos momentos de placer
confeccionando nuestro amor.
Ahora déjame tejer haciendo de esta prenda
bellos remates...,
y caricias interminables
deja tejer
con mis manos bordaré a un cielo azul...,
donde las nubes negras

no enturbien la magia...,
y apaguen nuestra pasión.
Te besaré los labios
una y mil
haciéndome dueña de este gran querer.
Deja,
déjame tejer
esta prenda la confeccionaremos
entre tú y yo...
pero,
déjame tejer....
e hilvanar a mí la prenda de nuestro amor,
que hoy quiero a nuestros cuerpos vestir.

METIDA EN TU PIEL

Quizás sea tiempo de cambiar de paisajes,
de decirnos un adiós,
aunque este muerda y duela,
y nuestro corazón se sienta herido.

Quizás necesitemos darnos un tiempo,
y pensemos en lo que fuimos,
y juntos construimos,
porque digo yo,
que alguna vez nos quisimos,
y el amor como locos hicimos.

Quizás nos equivoquemos,
y queramos volver a empezar desde cero,
cuando en nuestra alcoba entremos,
cuando un lado de la cama no ocupemos,
cuando una canción oigamos,
y nos recordemos,
como dos niños riéndonos.

Quizás lloremos al recordarnos,
y queramos borrar de nuestros pensamientos,
todo lo que vivimos,
pero quizás sea imposible,
porque algún día quizá nos quisimos,
o al menos eso pensamos.

Quizás el tiempo borre este odio, que tú y yo sentimos
quizás algún día volvamos a ser amigos,
pero esto se queda en el aire,
como tantas y tantas preguntas,
que hoy nos hacemos,
pero ninguno de los dos respondemos
a tantas preguntas que nos hacemos...

MI AMOR

Quise parar el mundo
parar el reloj,
y tenerte junto a mis besos.
Quise ser aquel día eterno
esa mirada incansable.

Quise ser tu alegría
tu llegada insaciable
ser tu espera
en esas citas interminables
siendo tan solo tuya.

Quise ser vela,
que alumbraran tus retinas
y mirarme en ellas,
como nubes sobre el cielo
envueltas de blanco algodón.

Quise ser tu secreto
ese mejor guardado,
que solo tú y yo sabemos
amándonos en la distancia
siendo yo estrella y tú lucero.

Quise besar tus mejillas
y cambiaran de color
sentir que te sonrojaba (sintiendo)
que aún eres niño,
aun siendo mayor...

Quise abrazarte en la mañana,
buscar tu calor,
adentrarme en tu piel compartiendo tú y yo
este gran amor...
Y así lo hice mi amor
el fuego surgió...

ME QUEDÉ

Me quedé con tu sonrisa,
cada vez que tus labios se abrían,
como primavera encendía,
y a mí llegaba como pétalos
que me acariciaban.

Me quedé con tu mirada
con esa que me desnudaba,
cuando la tarde llegaba
y a ti me acercaba,
como niña que frío tenía.

Me quedé con tus manos
cada vez que me acariciaba,
y mi pelo enrollabas entre tus dedos
jugueteando en mi espalda...

Me quedé con tus palabras
esas que me parecían mágicas,
y tu aliento las cubría
llenándolas de fantasías.

Me quedé con todo lo tuyo
y lo hice mío...
Me adueñé de tu sonrisa, de tu mirada,
de tus manos,
de tus palabras...

y ahora me buscan por ladrona
por un amor que escondo,
cuyo nombre ni menciono...

...Me quedé.

MIS OJOS

Mis ojos se humedecen
cada vez que te recuerdo.
Mis lágrimas desfilan
como si fueran un ejército.
Una tras otra salen
como si no les diera tiempo
a veces ellas chocan
como si se tratara de un triste juego.
Pero mi corazón se entristece
cuando ellas navegan por un mar sediento.

Estos versos que escribo
salen de mí huyendo
es como que le doliera el alma,
y de ahí nacen ellos.

SÉ QUE TE TENGO

Sé, que te tengo
a cualquier hora,
en cualquier momento,
que solo necesito alzar la voz,
para que a mí vengas corriendo,
y eso, mi amor,
es todo lo que yo necesito,
para saber
que aún me sigues queriendo.
A este amor,
no lo mata el tiempo,
tal vez lo hiriera,
pero siempre tuvimos el medicamento,
ese que estaba a punto,
y no tenía contradicciones...
Tan solo ponía,
tomarlo con paciencia y perdón,
y así lo hacemos,
como el prospecto lo escribió.

El amor consiste en hilvanar momentos,
y nosotros lo hemos rematado,
como niños,
que no olvidaron sus juegos...

DECIRTE

Quería decirte unas cuantas cosas,
que te metiste en mi cabeza
y no te di permiso para hacerlo,
que a veces eres una pesadilla,
y que aun estando despierta te siento.

Quería decirte,
que me apartaste de todo,
que solo vivo de tu recuerdo,
que te veo en todas partes,
y te llevo a cada lado que voy.

Quería decirte,
que aún noto tu presencia,
que siento latir tu corazón
que eché una carta al buzón,
pero no lleva remite,
porque se me olvidó poner mi dirección...

...Quería decirte.

¡ERES MÍO, GUADALMEZ!

Mías son tus calles,
tu plaza, las escuelas viejas,
las nuevas que estrené,
y subí cientos de veces sus escaleras.

Mía es tu iglesia, donde me bauticé,
y mi madrina fue mi tía Pepa,
y allí mismo me casé.

Mío es tu parque,
donde tantas veces bailé,
y también en él jugué,
cuando iba a la escuela.
Mío es tu cuartel,
cuando iba a vender,
y su virgencita miraba,
cuando por la carretera paseaba.

Mío es mi ayuntamiento,
cuando a por un papel voy,
y siempre cierro su puerta,
y los buenos días doy.

Eres mío Guadalmez,
y cuando de ti hablo en mi boca
te mantengo diciendo, mi pueblo...
y que nadie me hable mal de ti...

¡Que tú eres mío!
y parte de mi raíz, mi Guadalmez,
y eso a nadie se lo voy a consentir
porque yo nací aquí.

NO NACÍ POETA

No nací poeta,
me hizo la vida,
el silencio de mi padre
la humildad de mi madre.

El parque de eucaliptos
sus escuelas viejas,
con mi babi blanco y el lazo azul
rozando mis negras trenzas.

Me hizo mi pueblo,
sus calles, sus paisajes,
aquel Charco de la Fuente,
y el Corral Concejo.

El río y sus aguas claras,
y esa pareja de nutrias,
jugando en el atardecer
que enamoraba.

La calle del Río
Los paseos hasta el cuartel,
y una luna plateada
invitándome a soñar con ella.

No nací poeta,
fue la pachona y el barrio,
cuando los niños peleaban
por ser el líder de la pandilla.

No nací poeta, era la melancolía,
que arrastraba mis sentimientos,
mordiendo mis lágrimas.

No nací poeta,
pero me atreví a escribir,
en aquel pupitre de la escuela,
«soy aprendiz de letras»...

ÍNDICE

Este libro se terminó de editar en Granada
en marzo de 2024 por

Aliarediciones

www.aliarediciones.es
info@aliarediciones.es